Inhalt

Branchenreport TEXTIL Ausgabe 1/2014

Kernthesen

Beitrag

Fallbeispiele

Zahlen und Fakten

Weiterführende Literatur

Impressum

Branchenreport TEXTIL Ausgabe 1/2014

Markus Hofstetter

Kernthesen

- Die deutsche Textil- und Bekleidungsindustrie erwirtschaftete 2013 ein kleines Umsatzminus.
- Schlechtes Wetter und eine gesunkene Kundenfrequenz machten 2013 dem deutschen Modehandel zu schaffen.
- Otto blieb auch 2012 das größte deutsche Textileinzelhandelsunternehmen.
- Der interaktive Modehandel nimmt dem stationären Handel immer mehr Marktanteile ab.
- Den Mitarbeitern am Point of Sale kommt eine immer größere Bedeutung zu, sodass Modehändler in deren Weiterbildung investieren.

Beitrag

Textil- und Modeindustrie kann Erwartungen nicht erfüllen

Trotz eines starken Dezembers blieben 2013 die Umsätze in der deutschen Textil- und Bekleidungsindustrie unter den Vorjahreswerten. Laut dem Gesamtverband Textil + Mode reduzierte sich der Branchenumsatz insgesamt um ein Prozent auf 16,78 Milliarden Euro. Grund ist der schwache Jahresstart, wegen dem die ursprünglichen Prognosen nicht gehalten werden konnten. Die Unternehmen der Bekleidungsindustrie verzeichneten dabei ein Minus von 2,8 Prozent auf 6,84 Milliarden Euro. Die Produzenten im Bereich der Textilindustrie dagegen warteten mit einem Plus von 0,2 Prozent auf 9,94 Milliarden Euro auf. Stärker gesunken als die Umsätze sind im vergangenen Jahr die Beschäftigtenzahlen, sie sank um 1,9 Prozent auf 120 000 Mitarbeiter. Der Bereich Bekleidung wies mit minus 2,6 Prozent einen höheren Rückgang auf als Textil mit minus 1,5 Prozent. (1), (2)

Zu einem anderen Ergebnis kommt GermanFashion. Die 340 Mitgliedsunternehmen haben laut dem

Branchenverband 2013 ihren Umsatz im Schnitt um 2,4 Prozent auf rund zwölf Milliarden Euro erhöht. Für 2014 rechnen die Hersteller sogar mit einem Umsatzzuwachs von 3,8 Prozent. Eine Grundlage für das Plus ist der Export. Spitzenreiter bei den Ausfuhren war 2013 erneut Österreich, gefolgt von den Niederlanden und Frankreich. Der stärkste Zuwachs mit 13,5 Prozent wurde in Polen erzielt. Auf der Beschaffungsseite steht China mit großem Abstand nach wie vor auf Platz eins. Doch die Einfuhren von dort gingen um 3,3 Prozent zurück. Bangladesch entwickelte sich mit einem Zuwachs 10,7 Prozent zum zweitwichtigsten Beschaffungsmarkt. Das südasiatische Land verdrängte die Türkei auf Rang drei. Weiter an Bedeutung gewann Kambodscha, die Importe aus dem Land stiegen um 22,3 Prozent. Laut GermanFashion importierte der Handel rund 65 Prozent der in Deutschland verkauften Bekleidung selbst, einen großen Teil davon aus Asien. Die deutschen Bekleidungshersteller hingegen beziehen ihre Materialien stärker in europanahen Ländern. (3)

Für die deutsche Schuhindustrie verlief 2013 wegen der Wetterkapriolen wenig erfreulich. Die deutschen Schuhhersteller mussten laut dem Bundesverband der Schuh- und Lederwarenindustrie (HDS) einen Umsatzrückgang um 1,2 Prozent auf 2,31 Milliarden Euro hinnehmen. Im Inland belief sich das Minus sogar auf 1,9 Prozent, der Umsatz fiel auf knapp 1,70 Milliarden Euro. Die Exporte dagegen waren ein Lichtblick, die Ausfuhren erhöhten sich um 0,6 Prozent auf 617 Millionen Euro. Da die Eurokrise langsam überwunden scheint und die Auftragslage der Hersteller positiv ist, blickt der Verband positiv in die Zukunft. Für die Schuhproduktion in Deutschland liegen aktuell nur Zahlen bis zum dritten Quartal 2013 vor. Demnach erhöhte sich in den ersten neun Monaten die Zahl der produzierten Schuhe auf 16 Millionen Paar. Dies entspricht einem Plus von sieben Prozent. Die Zahl der Beschäftigten in Deutschland dagegen sank um 1,5 Prozent auf 11 611 Mitarbeiter in 41 Betrieben, das waren fünf weniger als 2012. Dabei sind nur Unternehmen mit mehr als 50 Beschäftigten berücksichtigt. (4)

Modehandel schließt 2013 mit einem Minus ab

2013 wird der Modehandel in Deutschland laut TW-Testclub voraussichtlich wie schon 2012 mit einem Umsatzrückgang von zwei Prozent abschließen. Fast alle Monate wiesen ein Minus auf. Nach dem ersten Quartal lag der Modehandel sechs Prozent unter Vorjahr. Zwar stabilisierten sich die Umsätze im zweiten und dritten Quartal. Umsatzzuwächse allerdings gab es für den Handel nicht. Das galt auch für das vierte Quartal. Was waren die Gründe für das desaströse Jahr? Zwei Drittel der Händler sagen, dass sich das Konsumklima für Textilien und Bekleidung 2013 verschlechtert und die Wettbewerbssituation sich verschärft hat. Das Hauptproblem war jedoch die Frequenz. Acht von zehn Händlern berichten laut der Konjunkturumfrage des TW-Testclubs von einem Rückgang der Besucherzahlen. Hinzu kam, dass Wetter und Saisonrhythmus nicht zusammenpassten. Wenigstens ist es dem Handel gelungen, sich besser auf die Kunden zu fokussieren. An die Besucher, die kommen, wird mehr verkauft. So ist 2013 laut TW-Testclub bei 78 Prozent der Händler der Durchschnittsbon gestiegen. Grundlage hierfür ist eine bessere Beratungsleistung, die durch mehr Verkäuferschulungen erzielt wird. (5), (6)

Weil der Winter 2013 ausblieb, lagen die Umsätze des Schuhfachhandels hinter den Erwartungen. Laut dem Bundesverband des Deutschen Schuheinzelhandels (BDSE) erhöhte die Branche 2013 ihren Umsatz nur um ein Prozent auf 8,2 Milliarden Euro. Dabei verbuchte der mittelständische Schuhfachhandel ein Minus von 0,5 bis ein Prozent. Die großen Schuhfilialisten dagegen erreichten aufgrund ihrer Expansion bessere Umsätze mit einem Plus von ein bis zwei Prozent. Der sonstige Einzelhandel erwirtschaftete mit Schuhen einen Umsatz von 3,4 Milliarden Euro, sodass der gesamte Schuhumsatz in

Deutschland sich auf 11,6 Milliarden Euro belief. Gewachsen ist der Onlinehandel mit Schuhen. Der Bundesverband geht davon aus, dass inzwischen zwölf Prozent der Schuhe im Internet gekauft werden. (4), (7)

Interaktiver Modehandel holt gegenüber stationärem Handel weiter auf

Der Bundesverband des deutschen Textileinzelhandels (BTE) nennt konkrete Zahlen für den Bekleidungs- und Textilienmarkt. Nach vorläufigen Zahlen ist in Deutschland der Umsatz 2013 inklusive des Nicht-Fachhandels minimal auf 60 Milliarden Euro gewachsen. Insgesamt setzte der Modefachhandel, darunter neben den Boutiquen und mittelständischen Modehäusern auch vertikale Anbieter wie H&M, C&A und Kik, den BTE-Schätzungen zufolge 30 Milliarden Euro um. Warenhäuser, Möbelgeschäfte und Lebensmitteldiscounter wie Aldi und Lidl setzten mit Textilien 24,5 Milliarden Euro um, Anbieter von Heim- und Haustextilien sowie Handarbeiten und Meterware weitere fünf Milliarden Euro.

Über E-Commerce wurden laut BTE Bekleidung und

Textilien im Wert von rund acht Milliarden Euro abgesetzt. Dies entspricht einem Plus von 20 Prozent gegenüber dem Vorjahr. Der Anteil des Onlinehandels am Bekleidungs- und Textilmarkt liegt damit bei rund 13 Prozent. Laut einer Erhebung des Textilpanels der Gesellschaft für Konsumforschung (GfK) ist der Onlineanteil höher. Demnach lag der Anteil des Onlinehandels bei Bekleidung, Accessoires, Schuhen sowie Haus- und Heimtextilien von Januar bis November 2013 bei 24 Prozent. Im Vergleich zum Vorjahreszeitraum ist das ein Anstieg um 1,2 Prozentpunkte. Die Zahlen basieren auf den Angaben von rund 16 000 Teilnehmern zu ihrem Modekonsum.

Laut dem Bundesverband des Deutschen Versandhandels (bvh) ist Bekleidung nach wie vor die mit Abstand umsatzstärkste Warengruppe im interaktiven Handel, auch wenn der Zuwachs nicht mehr ganz so stark wie in den Vorjahren ist. Die Umsätze wuchsen 2013 laut bvh um sieben Prozent auf 11,6 Milliarden Euro. Darauf folgen die Kategorie Bücher mit 5,3 Milliarden Euro und Unterhaltungselektronik mit vier Milliarden Euro. Insgesamt stieg der Umsatz des Online- und Versandhandels um 22,9 Prozent auf 48,3 Milliarden Euro. Der steuerbereinigte Anteil am gesamten Einzelhandel erhöhte sich von 9,4 auf 11,2 Prozent. [8], [9], [10]

Otto bleibt die Nummer eins der Textilhandelsunternehmen in Deutschland

Die Fachzeitschrift Textilwirtschaft (TW) stellt jährlich ein Ranking der größten Player im deutschen Textileinzelhandel zusammen. Die aktuelle Rangliste 2012 erfasst 98 Unternehmen ab einem Mindestumsatz von 50 Millionen Euro. Zusammen erzielten sie einen Umsatz von 37,8 Milliarden Euro.

Angeführt wird das Ranking nach wie vor von der Otto Group. Mit einem Textilumsatz von knapp 4,2 Milliarden Euro behaupteten sich die Hamburger wie im Vorjahr an der Spitze der Branche. Das Plus lag bei 1,4 Prozent. Der Abstand zu H&M, der Nummer zwei, ist kleiner geworden. Mit einem Plus von 5,8 Prozent entwickelten sich die Schweden viel dynamischer, der Umsatz belief sich auf rund 3,5 Milliarden Euro. Auf Rang drei folgt C&A, dessen Umsatz um 1,2 Prozent auf 3,06 Milliarden Euro schrumpfte. Auch die Metro Group auf Platz vier musste ein Minus verkraften, der Umsatz sank um 4,2 Prozent auf 2,17 Milliarden Euro. Der Mode- und Textilienumsatz des kränkelnden Warenhausunternehmens Karstadt sank sogar um sechs Prozent auf 1,78 Milliarden Euro.

In der Rangfolge der größten zehn Unternehmen ergab sich lediglich eine Änderung. Tchibo hat mit Aldi (Nord und Süd) die Plätze getauscht. Die Hamburger rückten von Rang zehn auf neun vor, Aldi stieg von neun auf zehn ab. Aufgrund veränderter Taktung bei den Textilaktionen und des stark frequentierten Onlineshops schätzt die TW den Textilumsatz von Tchibo gleichbleibend auf 1,02 Milliarden Euro. Der Umsatz von Aldi sank dagegen analog zur Marktentwicklung um zwei Prozent auf 0,98 Milliarden Euro. (11), (12), [Abb. 1]

Warenhäuser verlieren vor allem bei Mode Marktanteile

Die Kauf- und Warenhäuser in Deutschland haben laut der Studie Status Quo und Zukunftsperspektiven Warenhaus des Instituts für Handelsforschung in Köln (IfH) zwischen 2000 und 2012 jährlich 3,1 Prozent Umsatz verloren. Der Marktanteil über alle Sortimente dieses Betriebstyps hinweg ist im Untersuchungszeitraum von 4,2 Prozent auf 2,7 Prozent gesunken. Grund hierfür ist laut der Studie vor allem eine weitgehende Abwesenheit der Warenhäuser vom Onlinehandel.

Gleichwohl haben die Warenhäuser in vielen

Warengruppen noch große Umsatzanteile. Denn wegen des tendenziell sinkenden Anteils von Multilabel-Händlern in den Innenstädten haben die Warenhäuser immer noch eine große Bedeutung als Distributionskanal für viele Lieferanten und als Einkaufsstätte für viele Kunden. Überragende Bedeutung haben sie bei Lederwaren und Accessoires, die Warenhäuser kommen in dieser Produktgruppe auf einen Marktanteil von über 25 Prozent. Bei Wäsche und Bettwaren erzielen sie je 17 Prozent Marktanteil. Bei Mode sieht es dagegen anders aus. Mit einem Marktanteil von zehn Prozent kommen die Warenhäuser allein bei Kinderbekleidung noch auf einen prozentual zweistelligen Marktanteil, bei HAKA sind es nur 8,6 Prozent, bei DOB sieben Prozent. (13), [Abb. 2]

Modehändlern wird gutes Personal am Point of Sale immer wichtiger

Vor dem Hintergrund der schwierigen Umsatzentwicklung 2013 und der erzielten Tarifabschlüsse ist der Modehandel vorsichtig bei Personalplanungen. Laut einer TW-Testclub-Umfrage plant jeder fünfte Unternehmer der Branche, 2014 Personal abzubauen, nur acht Prozent wollen aufstocken. In 72 Prozent der Betriebe soll die Mitarbeiterzahl konstant bleiben. Dass dem Personal dennoch eine herausragende Bedeutung zukommt zeigt die Tatsache, dass gleichzeitig 68 Prozent der Unternehmen für 2014 Investitionen in die Qualifizierung ihrer Mitarbeiter planen.

Dies deckt sich mit dem Ergebnis einer BTE-Umfrage. Demnach wollen 47 Prozent der befragten Modehändler 2014 in die Qualifizierung der Mitarbeiter investieren. Damit ist Weiterbildung und Qualifizierung von Personal für die Unternehmen das wichtigste Investitionsthema. Es liegt weit vor sonst so wichtigen Bereichen wie Ladenbau und Visual Merchandising, für die 36 Prozent der Befragten ein Budget bereitgestellt haben, oder Haustechnik mit 33 Prozent und Werbung mit 25 Prozent. Ein Grund für die hohe Bedeutung der Mitarbeiterweiterbildung ist, dass dem Verkaufspersonal im Modehandel eine Schlüsselrolle zufällt. Denn gut motivierte Mitarbeiter machen den Unterschied über Erfolg oder Misserfolg eines Geschäftes aus. Neben der Modekompetenz gewinnt die Sozialkompetenz des Verkäufers zunehmend an Bedeutung. Der stationäre Handel und seine Mitarbeiter werden in Zukunft noch stärker eine soziale Funktion übernehmen, die das Internet nicht leisten kann. (14), (15)

Der europäische Bekleidungsmarkt schrumpft

Die Krise in den südlichen Ländern resultiert in einem Schrumpfkurs des europäischen Bekleidungsmarktes. Für 2013 prognostiziert das Londoner Marktforschungsinstitut Mintel einen Rückgang der europaweiten Verbraucherausgaben für Bekleidung um 0,9 Prozent auf brutto 315 Milliarden Euro. 2012 wurde noch ein Umsatzzuwachs von 0,6 Prozent auf brutto 318 Milliarden Euro verzeichnet. Einschließlich Schuhe wird der Markt auf 382 Milliarden Euro geschätzt, 2012 waren es noch 386 Milliarden Euro.

In dem Mintel Report führt Deutschland mit 61,5 Milliarden Euro die Liste der größten Bekleidungsmärkte an, gefolgt von Großbritannien mit 58,5 Milliarden Euro. Die Italiener, die in den Vorjahren trotz Krise mehr für Bekleidung aufwendeten, gaben 2013 mit 53 Milliarden Euro 3,5 Prozent weniger aus als ein Jahr zuvor. Im französischen Bekleidungsmarkt sollen es mit 38,3 Milliarden Euro 0,8 Prozent weniger sein. In Griechenland wurde sieben Prozent weniger für Bekleidung ausgegeben, in Spanien und in der Tschechischen Republik fünf Prozent, in Portugal und Irland vier Prozent weniger.

Bei den Pro-Kopf-Ausgaben für Bekleidung, die Mintel für 2012 ermittelte, liegen die Norweger mit 1 297 Euro vor den Schweizern mit 1 040 Euro. Es folgen die Österreich mit 973 Euro, Großbritannien mit 930 Euro und Italien mit 904 Euro. Auch in anderen nordischen Ländern wie Schweden, Finnland und Dänemark wird mehr für Bekleidung ausgegeben als in Deutschland mit 741 Euro. (16), [Abb. 3]

Trends

Modehändler investieren in mobile Display-Werbung

Die Textil- und Bekleidungsunternehmen investierten laut dem Onlinevermarkterkreis (OVK) des Bundesverbands Digitale Wirtschaft (BVDW) 2013 brutto rund 72 Millionen Euro in Online-Display-Werbung. Das entspricht einem Anteil von rund elf Prozent an den gesamten Werbeausgaben der Branche. Mit diesem Wert liegt die Branche über dem Durchschnitt aller Händler und Versender, die 8,6 Prozent ihres Werbebudgets online investierten.

Die Ausgaben für mobile Display-Werbung haben

sich im Bereich Textilien und Bekleidung um 300 000 Euro auf knapp eine Millionen Euro erhöht. Die gesamte Handels- und Versandbranche steckte 6,3 Millionen Euro in mobile Werbung, 2012 waren es noch 2,7 Millionen Euro. (17)

Fallbeispiele

Lengermann+Trieschmann verzahnt On- und Offline

Der Osnabrücker Modehändler Lengermann+Trieschmann (L+T) hat im März 2014 in sämtlichen Schaufenstern des Haupthauses, des Plus Size-Stores Rubys und des HAKA-Geschäfts für Große Größen XXL+ Augmented-Reality-Technologie eingesetzt. Sobald sich Kunden via eines QR-Codes am Schaufenster die L+T-App auf ihr Smartphone geladen und die App gestartet haben, konnten sie wählen, ob sie sich für Menswear oder Womenswear interessieren. Sobald sie mit der Kamera ihres Smartphones das Schaufenster, in dem immer nur ein Motiv, etwa eine Blume zu sehen war, fotografiert haben, liefen auf dem Smartphone Filmsequenzen, in denen Models Jeans von G-Star, Maison Scotch, Levis und anderen Denim-Marken präsentierten. Am Ende der kurzen Spots stand dann, in welcher Etage des Modehauses die jeweiligen Kinder-, Damen- und Herrenjeans zu finden waren.

Entstanden ist das digital animierte Schaufenster in Zusammenarbeit mit der Osnabrücker Werbeagentur Die Etagen GmbH, die die dazugehörige App entwickelt hat. Die Kosten für die 13 Schaufenster der drei Geschäfte sollen über den üblichen gelegen haben. Zudem gab es mit drei bis vier Monaten einen deutlich größeren Zeitaufwand. Doch für den Händler ist es eine gute Investition. Denn hat der Kunde erst mal die App auf dem Handy, kann L+T ihm in Zukunft E-Coupons mit Angeboten zuschicken, wenn er sich der Filiale nähert. Nach eigenen Angaben verfolgt L+T solche Pläne aktuell jedoch noch nicht. (18)

Zahlen & Fakten

Abbildung 1: Die Top Ten im deutschen Textileinzelhandel

Rang	Unternehmen	Umsatz 2012 in Milliarden Euro	Veränderung

1	Otto Group, Hamburg	4,17*	1,4%
2	H&M, Hamburg	3,48	5,8%
3	C&A, Düsseldorf	3,06*	-1,2%
4	Metro, Düsseldorf	2,17*	-4,2%
5	Karstadt, Essen	1,78*	-6,0%
6	P&C, Düsseldorf	1,37	1,0%
7	Tengelmann, Mühlheim/Ruhr	1,23*	2,2%
8	Lidl, Neckarsulm	1,03	1,0%
9	Tchibo, Hamburg	1,02*	0%
10	Aldi Nord+Süd, Essen/Mühlheim	0,98*	-2,0%

* Schätzwert Quelle: TextilWirtschaft Entnommen aus: Lebensmittel Zeitung, 44/2013, S. 77, (12)

Abbildung 2: Nur bei Lederwaren erste Adresse

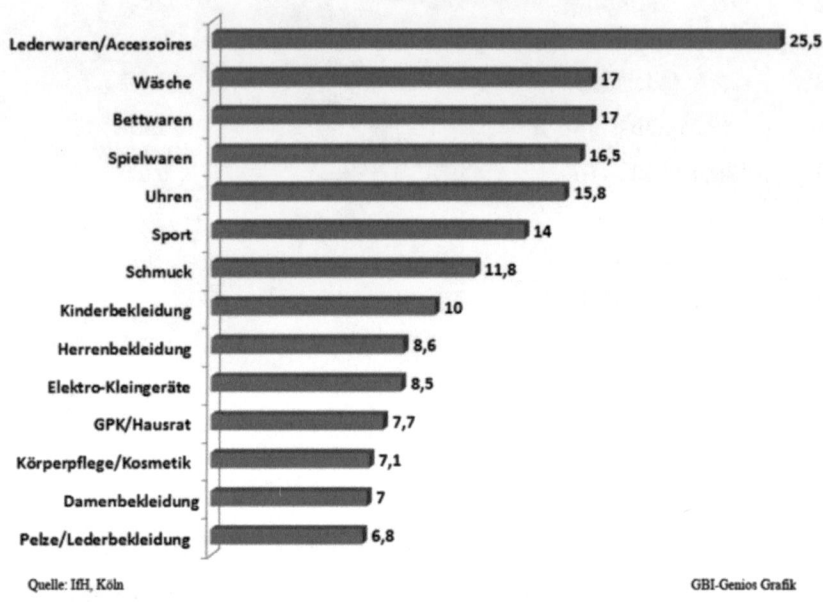

Entnommen aus: TextilWirtschaft, 48/2013, S. 21, (13)

Abbildung 3: Ausgabenfreudige Deutsche

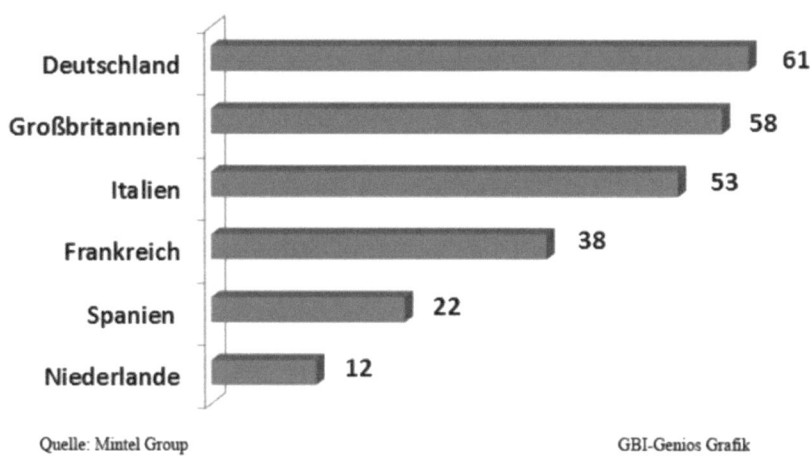

Entnommen aus: TextilWirtschaft, 46/2013, S. 38, (16)

Weiterführende Literatur

(1) Starker Endspurt kann Industrie nicht retten
aus TextilWirtschaft 10 vom 06.03.2014 Seite 012

(2) Konjunkturbericht 2/2014
aus TextilWirtschaft 10 vom 06.03.2014 Seite 012

(3) Deutsche Industrie schafft kleines Umsatzplus
aus TextilWirtschaft 05 vom 30.01.2014 Seite 006

(4) Schuhbranche: Durchwachsenes Jahr
aus www.textilwirtschaft.de vom 25.02.2014

(5) Rotes Ende

aus TextilWirtschaft 02 vom 09.01.2014 Seite 030 bis 033

(6) Kein gutes Jahr
aus TextilWirtschaft 52 vom 26.12.2013 Seite 020

(7) Der Schuhmarkt konsolidiert sich
aus Immobilien Zeitung Nr. 11 vom 20.03.2014 Seite 9

(8) Online-Modehandel legt um 20% zu
aus www.textilwirtschaft.de vom 18.02.2014

(9) Jeder vierte Euro für Mode landet im E-Commerce
aus TextilWirtschaft 02 vom 09.01.2014 Seite 014

(10) Online-Handel gewinnt mehr Kunden
aus www.textilwirtschaft.de vom 19.02.2014

(11) Otto bleibt die Nummer eins
aus Der Handel 11 vom 06.11.2013 Seite 024

(12) Otto rangiert noch vorn
aus Lebensmittel Zeitung 44 vom 01.11.2013 Seite 077

(13) Leder, Bettwaren und Wäsche laufen noch
aus TextilWirtschaft 48 vom 28.11.2013 Seite 021

(14) Rund die Hälfte der Modehändler plant Investitionen in Aus- und Weiterbildung
aus TextilWirtschaft 08 vom 20.02.2014 Seite 043

(15) Modehandel plant vorsichtig
aus www.textilwirtschaft.de vom 09.01.2014

(16) Europäischer Bekleidungsmarkt schrumpft

aus TextilWirtschaft 46 vom 14.11.2013 Seite 038

(17) Modebranche baut Display-Werbung aus
aus www.textilwirtschaft.de vom 01.04.2014

(18) Die Schaufenster der Zukunft
aus TextilWirtschaft 11 vom 13.03.2014 Seite 035

Impressum

Branchenreport TEXTIL Ausgabe 1/2014

Bibliografische Information der deutschen Nationalbibliothek

Die Deutsche Nationalbibliothek verzeichnet diese Publikation in der deutschen Nationalbibliografie; detaillierte bibliografische Daten sind im Internet über http://dnb.d-nb.de abrufbar.

ISBN: 978-3-7379-5671-0

© 2015 GBI-Genios Deutsche Wirtschaftsdatenbank GmbH, Freischützstraße 96, 81927 München, www.genios.de

Alle Rechte vorbehalten. Dieses Werk ist einschließlich aller seiner Teile – z.B. Texte, Tabellen und Grafiken - urheberrechtlich geschützt. Jede Verwertung außerhalb der Grenzen des Urheberrechtsgesetzes bedarf der vorherigen Zustimmung des Verlags. Dies gilt insbesondere auch für auszugsweise Nachdrucke, fotomechanische Vervielfältigungen (Fotokopie/Mikroskopie), Übersetzungen, Auswertungen durch Datenbanken oder ähnliche Einrichtungen und die Einspeicherung und Verarbeitung in elektronischen Systemen.